So einfach spielst du bambinoLÜK:
Öffne das bambinoLÜK-Lösungsgerät und lege es auf dein aufgeschlagenes bambinoLÜK-Heft. Lege die sechs Plättchen mit den Symbolen nach oben auf die Aufgaben mit den gleichen Symbolen, also das Plättchen mit dem roten Symbol Haus auf die Aufgabe mit dem roten Symbol Haus oben links in der Ecke. Wenn alle Plättchen auf den Aufgaben liegen, nimmst du das Plättchen mit dem Symbol Haus und siehst dir die Aufgabe an, auf der das Plättchen lag. Welches Bild auf der unteren Seite passt dazu? Lege das Plättchen auf dieses passende Bild. Mach es ebenso mit den anderen fünf Plättchen und Aufgaben. Schließe dann das bambinoLÜK-Lösungsgerät und drehe es nach oben um. Jetzt siehst du das bei der Übung abgebildete Lösungsmuster.

Die Spielanleitung

Die Spielanleitung findest du auch auf **www.luek.de**

© 2019 Georg Westermann Verlag GmbH
Georg-Westermann-Allee 66, 38104 Braunschweig, service@westermann.de
Autor: Michael Junga, Illustrationen: Frank Bayer, Duisburg
Druck und Verarbeitung: Interak
6. Auflage 2026 ISBN 978-3-8377-**7679**-9

1 Wo ist das im Kinderzimmer versteckt?

Fun

2 Wo ist das gleiche Kleidungsstück?

LENA

3 Wo findest du das im Kaufhaus?

4

Wo siehst du diese Dinge?

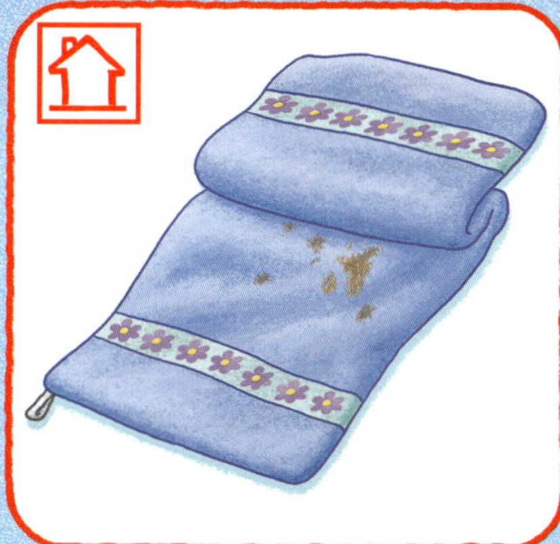

100
Clean

5 Wo hängt das auf der Wäscheleine?

6

Wo liegt das im Koffer?

Sun

7 Wer trägt was auf der Faschingsfeier?

8 Ordne die Turnsachen zu!

9 Was trugen die Kinder früher?

10 Wer trägt welchen Malkittel?

11 Wer trägt was auf der Hochzeitsfeier?

Inhalt

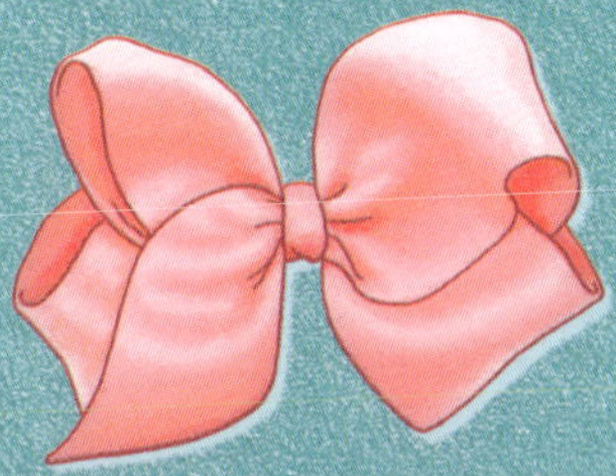